BEI GRIN MACHT SICH IHR WISSEN BEZAHLT

AF125079

- Wir veröffentlichen Ihre Hausarbeit,
  Bachelor- und Masterarbeit

- Ihr eigenes eBook und Buch -
  weltweit in allen wichtigen Shops

- Verdienen Sie an jedem Verkauf

Jetzt bei www.GRIN.com hochladen und kostenlos publizieren

GRIN

Bibliografische Information der Deutschen Nationalbibliothek:

Die Deutsche Bibliothek verzeichnet diese Publikation in der Deutschen National-
bibliografie; detaillierte bibliografische Daten sind im Internet über http://dnb.d-
nb.de/ abrufbar.

Impressum:

Copyright © 2018 GRIN Verlag
Druck und Bindung: Books on Demand GmbH, Norderstedt Germany
ISBN: 9783668802063

Dieses Buch bei GRIN:

https://www.grin.com/document/441599

Sophie Marie Stahl

Fitnessökonomie. Eine Einsendeaufgabe zum Marketing in der Fitness- und Gesundheitsbranche

GRIN Verlag

GRIN - Your knowledge has value

Der GRIN Verlag publiziert seit 1998 wissenschaftliche Arbeiten von Studenten, Hochschullehrern und anderen Akademikern als eBook und gedrucktes Buch. Die Verlagswebsite www.grin.com ist die ideale Plattform zur Veröffentlichung von Hausarbeiten, Abschlussarbeiten, wissenschaftlichen Aufsätzen, Dissertationen und Fachbüchern.

Besuchen Sie uns im Internet:

http://www.grin.com/

http://www.facebook.com/grincom

http://www.twitter.com/grin_com

Deutsche Hochschule für

Prävention und Gesundheitsmanagement

Hermann Neuberger Sportschule 3

66123 Saarbrücken

Einsendeaufgabe

Fachmodul:	Marketing II
Studiengang:	Fitnessökonomie
Datum Präsenzphase:	29.01.2018-01.02.2018
Name, Vorname:	Stahl, Sophie Marie
Studienort:	**Köln, 4. Klasse**
Semester:	**WS 15**

Inhaltsverzeichnis

1 Preismanagement und Kooperationen

1.1 Preiselastizität der Nachfrage

$$(\varepsilon)= \frac{\text{Änderung der Menge in \%}}{\text{Änderung des Preises in \%}}$$

Prozentuale Veränderung der Nachfragemenge:

2.700 MG= 100 %

2.400 MG= x %

2.400 MG x 100 % ÷ 2.700 MG = 88,89 %

Aufgrund der Preiserhöhung von 40,90 € auf 45,90 € ist mit einem Nachfragerückgang von 11,11 % zu rechnen.

Prozentuale Veränderung des Preises:

40,90 €= 100 %

45,90 €= x %

45,90 € x 100 % ÷ 40,90 €= 112,22 %

Die Preiserhöhung liegt bei 12,22 %.

Preiselastizität der Nachfrage:

(ε)= 11,11 % ÷ 12,22 % = 0,91 %

Der Wert der Preiselastizität der Nachfrage liegt unter 1. Wenn $\varepsilon < 1$, dann ist die Nachfrage unelastisch. Daher und aufgrund der relativ geringen Nachfragemenge in Prozent von 11,11 lohnt sich eine Preiserhöhung von 12,22 % für die X&Y Health GmbH.

1.2 Preisbildung

1.2.1 Anlässe der Preisbildung

Die Preisbildung ist gekennzeichnet durch zwei unterschiedliche Tatbestände. Zum einen, die erstmalige Festlegung eines Preises, und zum anderen einer folgenden Preisänderung (Schlaffke & Plünnecke, 2017, S. 153). Da das Unternehmen nun weitere Anlagen etablieren möchte, um das Firmenwachstum anzutreiben, handelt es sich hierbei um eine Markterschließung und damit verbunden, die Suche nach einer geeigneten Preisstruktur (Meffert, Burmann et al., 2015, S.487-488). Hierbei werden neue geografische

Märkte mit vorhandenen Dienstleistungen geschaffen. Bei der Produkt-und Leistungs-strategie nach der Ansoff-Matrix handelt es sich in Folge dessen um die Marktentwick-lung (Meffert, Burmann et al., 2015, S. 254 und Weis, 2012, S. 160).

1.2.2 Kostenorientierte Preisbildung

Zuschlagsverfahren:

Stückkosten = variable Kosten pro Monat + (fixe Kosten pro Monat ÷ Absatzmenge e)

Stückkosten = 8,50 € + [(650.000 ÷ 12) ÷ 2.800 MG]

Stückkosten = 8,50 € + 19,35

Stückkosten = 27,85 €

Preis mit Gewinnaufschlag (15 %):

85 % = 27,85 €

100 % = 32,76 €

32,76 € + 19% Mehrwertsteuer = 38,98 €

Mitgliedsbeitrag pro Monat in Brutto = 38,98 €

1.2.3 Konkurrenzorientierte Preisbildung

Unabhängig von der unternehmensindividuellen Kosten- oder Nachfragesituation, wer-den die Preise an denen der Konkurrenz bei dem konkurrenzorientierten Preisbildungs-verfahren ausgerichtet (Weis, 2012, S.388). Unterschieden wird in zwei Formen. Ein-mal, die Preisbildung durch Orientierung an Marktpreisen und zweitens, die Preisbil-dung in öffentlichen Ausschreibungen (Schlaffke & Plünnecke, 2017, S: 170). Die X&Y GmbH handelt bei der Preisbildung im Rahmen der Orientierung an den Markt-preisen. Hierbei orientiert man sich entweder an dem Branchenpreis, oder an einem Preisführer (Schlaffke & Plünnecke, 2017, S. 171). Das hier beschriebene Unternehmen weist einen hören Monatsbeitrag als die neue Konkurrenz aus. Die GmbH reagiert je-doch trotzdem nicht mit einer Preissenkung, da sie eine hohe Service- und Dienstleis-tungsorientierung aufweist. Der Kunde soll hier im Mittelpunkt stehen und von qualifi-zierten Trainern betreut werden, was sich in einem höheren Beitrag äußert. Für viele Kunden steht der Preis als ein Qualitätsmerkmal, weshalb der Preis trotz günstigerem Konkurrenten nicht gesenkt werden sollte.

2 Strategische Analysemethoden

2.1 Five-Forces-Modell

Das „Five-Forces-Modell" nach Porter dient als Analyse zur Wettbewerbssituation einer Branche. Hierbei stehen potenzielle Mitbewerber, die Kunden, Ersatzprodukte, Zulieferer und Mitbewerber Rivalität im Fokus (Porter, 2000, S: 29).

Verhandlungsstärke der Lieferanten:

Die App „Freeletics" muss über eine Plattform wie zum Beispiel „Play Store" oder „App Store" angeboten werden. Diese Veröffentlichungen auf den jeweiligen Plattformen sind mit Kosten verbunden, welche in einem guten Verhältnis zu den Gesamtumsätzen der Branche stehen müssen. Erhöht die Plattform beispielsweise ihre Kosten, so muss auch die App verschiedene „In-App-Verkäufe" erhöhen oder dafür sorgen, dass die App mehr Reichweite erhält. Da die App an diese Plattformen zum Download für Kunden gebunden ist, hat der Lieferant komplette Verhandlungsstärke.

Bedrohung durch neue Anbieter:

Aufgrund der sehr geringen Markteintrittsbarrieren in diesem Bereich, erhöht sich das verfügbare Angebot auf dem Markt und es wird schwieriger für „Freeletics" sich abzuheben. In diesem Fall muss die App eine hohe Differenzierungsmöglichkeit aufweisen, da sie sonst leicht überholt werden kann. Es ist wichtig, dass verschiedene Aspekte der App die Kunden an sich binden, da diese sonst aufgrund des breiten Angebotes leicht zu einer qualitativ besseren Alternative greifen können.

Verhandlungsstärke der Abnehmer:

Kunden haben einen großen Einfluss auf das Unternehmen, indem sie andere Preise, eine bessere Qualität und/ oder bessere Leistungen verlangen (Steiniger, 2003, S.4). Um so etwas zu verhindern, muss das Unternehmen eine hohe Differenzierung des Angebotes aufweisen können. Andernfalls kann der Abnehmer vergleichbare Produkte für einen günstigeren Preis erwerben. Bei der App „Freeletics" hat der Abnehmer großen Einfluss, da ihm in diesem Bereich ein unzählig großes Angebot vorliegt. So muss sich die App auch an anderen Apps und deren Preise (z.B. „In App Käufe") orientieren oder ein Angebot schaffen, welches für den Kunden unverzichtbar ist.

Bedrohung durch Ersatzprodukte:

Wie attraktiv ein Unternehmen für den Kunden ist, wird stark von anderen Angeboten und Produkten beeinflusst. Der Abnehmer hat die freie Wahl für welches Angebot er sich entscheidet und in der heutigen Zeit und dieser Branche gibt es genügend davon.

Neben zahlreichen vergleichbaren Apps gibt es ebenso viele Online Fitness Programme wie zum Beispiel "Gymondo" oder eben zahlreiche Fitnessstudios. Gerade Fitnessstudios mit Discounter Preisen klingen für den Kunden verlockend und laden ein, einen Trainer persönlich zu treffen und nicht nur unter virtuellen Übungsanleitungen fit zu werden, sondern mit kontaktbezogener und individueller Hilfestellung. Diese Aspekte stellen somit auch ein Problem für "Freeletics" dar, mit welchem die Hersteller sich befassen müssen um das Produkt einzigartig zu machen.

Rivalität der Wettbewerber:

Durch zahlreiche und gleich ausgestattete Unternehmen entsteht durch die hohe Wettbewerberdichte automatisch auch ein hoher Wettbewerbsdruck (Steiniger, 2003, S. 3). Die Unternehmen stehen entweder in einem Preiswettbewerb, in dem sie sich mit den Preisen gegenseitig unterbieten, oder in einem Leistungswettbewerb, indem die Unternehmen sich in Qualität und Leistung überbieten und dadurch Kosten erhöhen. Aufgrund der vielen Wettbewerber und dem damit verbundenen hohen Wettbewerbsdruck versuchen die verschiedenen Apps sich mit ihren Preisen zu unterbieten. Das Angebot und Zusatzleistungen müssen maximiert und der Preis zugleich minimiert werden. Dies könnte für die "Freeletics" App zu Problemen führen, die Gewinne noch so hoch zu halten, dass es für das Unternehmen rentabel ist.

2.2 Durchführung einer SWOT-Analyse

Tab.: 1: Stärken und Schwächen der App „Freeletics" – Ressourcenanalyse

Stärken	Schwächen
Möglichkeit überall und jederzeit zu trainieren, egal ob kurze oder längere Einheiten, somit ist Unabhängigkeit gegeben (Freeletics, 2018)	Muskelaufbau ist mit ausschließlich körpergewichtseigenen Übungen und hohen Wiederholungszahlen nur bedingt möglich, wie es bei „Freeletics" der Fall ist. Hypertrophietraining wird jedoch mit ca. 6-15 Wiederholungen ausgeführt (Boeckh-Behrens et al., 2002, S. 47)
Individuell abgestimmter Trainingsplan mit klarer Führung und Optionen zu Übungen, falls diese zu schwer sein sollten (Freeletics, 2018).	Nicht jede Person der Bevölkerung besitzt ein Smartphone, somit kann nicht das gesamte Klientel abgedeckt werden. Zum Jahreswechsel betrug die Weltbevölkerung 7.591.541.000 Menschen (Presseportal, 2017). eMarketer gibt eine Prognose zur Anzahl der Smartphone-Nutzer weltweit mit 2,53 Milliarden für das Jahr 2018 an (eMarketer, 2016).

Stärken	Schwächen
„Freeletics" gehört zu den erfolgreichsten Apps. 2016 erzielte die App einen Umsatz von etwa 15 Millionen Euro (Olschewski, 2017).	Die Verletzungsgefahr und Folgeschäden sind groß. „Freeletics" fragt keine Anamnese ab, weshalb man nicht wissen kann, ob die Übungen überhaupt für einen geeignet sind, gerade wenn man bereits orthopädische Probleme hat. Bevor man die Folgeschäden bemerkt, hat man dann eventuell schon eine lange Zeit mit einer falschen Ausführung trainiert (Fitvolution, o.J.)

Tab.: 2 Chancen und Risiken der App „Freeletics" – Unternehmensumweltanalyse

Chancen	Risiken
Starke Abhängigkeit von mobilen Endgeräten wie z.B. Smartphone. (Spitzer, 2017)	Kunden wünschen gut ausgebildete Trainer vor Ort. Kunden informieren sich vorab und stellen hohe Ansprüche an die Qualifikation ihrer Trainer (DSSV, 2018).
Verstärkte Nutzung von Online Fitnessstudios und Apps wird immer mehr zum Trend und zur Konkurrenz zum herkömmlichen Fitnessstudio (Asfour, 2014)	Aktueller Trend vom „Bodyweight-Training" oder Online Fitness Studio Trend kann schnell wieder verblassen. Krafttraining im klassischen Sinne ist und bleibt der absolute Klassiker des Fitnesstrainings, vor allem auch um den altersbedingten Muskelabbau zu verhindern (DSSV, 2018)
Zeitaspekt. Menschen empfinden, dass sie immer weniger Zeit haben. Laut IfD empfinden 25,33 Millionen Menschen in Deutschland im Jahr 2017, dass sie zu wenig Zeit haben (IfD Allensbach, 2017). Dies kann sich die App mit ihren kurzen intensiven Einheiten zu Nutze machen.	Günstige Angebote von Discountern mit breiterem Angebot stellen ein Risiko für die Online Fitness Programme und Apps dar (Daumann, Heinze & Römmelt, 2012, S.15). Aktuelles Beispiel ist McFit mit einem monatlichen Angebot von 4,90 € (McFit, 2018).

2.3 Erstellung einer SWOT-Matrix

Tab.: 3: SWOT-Matrix

	Chancen (Opportunities)	Risiken (Threats)
Stärken (Strength)	**S-O-Strategien:** -Kurze „Freeletics" Sporteinheiten nutzen, um die Kunden mit mangelnder Zeit damit zu locken. -Erfolg und Reichweite der App nutzen, um Smartphone „abhängige" Menschen zu binden und für die digitale App zu begeistern.	**S-T-Strategien:** -Durch den realisierten hohen Umsatz besteht die Möglichkeit mit vergünstigten Angeboten oder Aktionen zu werben, um die Discounter Preise und Angebote zu unterbieten. Aufgrund des hohen Marktanteils ist eine Kostenführerschaft möglich. -Individuell abgestimmte Trainingspläne überarbeiten und mit Anamnese-Bögen arbeiten und Qualifikation der Mitarbeiter hinter vorstellen, um die hohen Ansprüche der Kunden zu befriedigen.
Schwächen (Weakness)	**W-O-Strategien:** -Trend nutzen, dass immer mehr Menschen Online Fitness Programme vor dem Training in einem Fitnessstudio vorziehen. Trotz bedingtem Muskelaufbau wünschen sich viele Menschen einfach nur fit zu werden, was mit „Freeletics" möglich ist. Da nicht jeder Mensch ein Smartphone besitzt oder besitzen möchte, hat das Unternehmen die Chance, ein eigenes mobiles Endgerät zu entwickeln, auf welchem die Kunden „Freeletic" in vollen Zügen mit Trainings-und Ernährungsplänen nutzen können. Dies begünstigt ebenso den Aspekt, dass heute viele Menschen abhängig von mobilen Endgeräten sind. So wird nicht nur die Reichweite vergrößert, sondern auch der Umsatz (Bsp. Amazon mit ihrem Fire Tv Stick oder Alexa).	**W-T-Strategien:** -Anamnese Bogen abfragen und auf mögliche orthopädische Beschwerden oder Einschränkungen eingehen, um Folgeschäden zu verhindern und dem Kunden das Gefühl eines gut ausgebildeten Coaches zu geben, der ihn betreut. -Problem des nur bedingten Muskelaufbaus reduzieren, um auch ältere Menschen mit altersbedingtem Muskelabbau zu greifen. Niedrigere Wiederholungszahlen auswählen oder Zusatzgeräte nutzen, auch wenn dies die Ideologie von „Freeletics" negativ beeinflusst. So könnte man beispielsweise Muskelaufbau-Pläne für Fitnessstudios erstellen, für die Menschen, die nicht nur mit dem eigenen Körpergewicht, sondern auch mit Widerstand trainieren möchten.

2.4 BCG-Portfolio und Produktlebenszyklus

Mit dem Portfolio der Boston Consulting Group (BCG), ist es möglich, die strategische Geschäftseinheit, je nach relativem Marktanteil und Marktwachstum, in einer Vier-Felder-Matrix einzuordnen (Weis, 2012, S.135 ff.). Wenn ein Unternehmen eine solche Fitness App rausbringt, startet diese erst einmal als „Question Mark", da hohe finanzielle Mittel benötigt werden, um den Marktanteil zu steigern und das Produkt bekannt zu machen (Kotler, Armstrong et al., 2007, S. 104-105; Weis, 1999, S. 529-530). Handelt es sich um Fitness Apps wie zum Beispiel „Freeletics" oder „Yazio Calorie Counter, Nutrition Diary & Diet Plan", so kann man diese in den Bereich der „Stars" einordnen. Diese weisen laut Statistik hohe Wachstumsraten auf und haben somit eine hohe Abnehmerzahl (Priori Data, 2018). Verlangsamt sich das Wachstum, so können diese jedoch auch zu „Cash Cows" werden, da sich diese durch einen reifen Markt, in dem das Marktwachstum nicht mehr stark ausgeprägt ist, definieren (Kotler, Armstrong et al., 2007, S. 104-105; Weis, 1999, S. 529-530). Der idealtypische Produktlebenszyklus besteht als aller erstes aus der Phase der Entwicklung. Danach folgen Einführung, Wachstum, Reife, Sättigung, Rückgang und Nachlauf. „Freeletics" gilt als das schnellst wachsende Sport-und Lifestyle-Unternehmen weltweit (GS Datenbank, 2015). Seitdem Jahr 2014 ist das Unternehmen stetig am wachsen und schafft immer wieder Innovationen, um das Produkt noch beliebter zu machen (Penke, 2017). Diese Wachstumsphase scheint auch weiterhin noch länger anzuhalten, da die Nachfrage immer weiter steigt und immer mehr Konkurrenten auf den Markt treten (Weis, 2012, S.277-278). Auch wie andere „Start-ups" begann das Unternehmen mit der Entwicklung des Produktes. Von einer Idee von drei Studenten kommt es zu einem ersten kostenpflichtigen Produkt, welches drei PDFs mit Trainingsplänen beinhaltet. Anders als gewöhnlich, wird die Einführungsphase durch die schnelle Verbreitung im Netz fast übersprungen. Von einem ersten „Body-Transformations-Video", welches „Freeletics" im Jahr 2012 erwähnt, kommt es Anfang 2013 schon schon zu der ersten verfügbaren „iOS-App" (Penke, 2017). Die Anfangserfolge und der realisierte Umsatz steigen so rasant an, dass sich die Gründer aus dem operativen Geschäft nach nur zwei Jahren rausziehen können und die Führung jemand anderem überlassen können (Eisenbrand, 2015). Ein weiterer Aspekt ist, dass sich viele Unternehmen in der Einführungsphase gegenüber hohen Einführungskosten behaupten müssen und viele auch an diesem Punkt schon scheitern (Weis, 2012, S.277). Der Vorteil des „Freeletics" Unternehmen besteht darin, dass sie sich mit einem rein digitalen Service, die Grenzkosten sehr niedrig halten können (Eisenbrand,

2015). Wie lange genau „Freeletics" noch in der Wachstumsphase sein wird kann man derzeit nicht sagen, die Erfolgsaussichten sind jedoch sehr groß.

2.5 Fazit

Abschließend kann man sagen, dass eine auf das Unternehmen zugeschnittene Fitness App von Vorteil ist. Anhand des Beispieles von der App „Freeletic" kann man sehen, dass diese sehr erfolgreich ist mit dem was sie anbietet. Das Zielklientel des Unternehmens passt zu den Chancen, die auch in der SWOT-Matrix genannt werden. Die Nutzer über mobile Geräte abzufangen und sie für eine unternehmenseigene App zu begeistern ist heutzutage sicherlich eine gute Idee. Da es nicht nur um eine App geht, sondern um eine Zusatzleistung für die Fitnesskette haben die Kunden auch die Möglichkeit in einem Fitnessstudio zu trainieren und gut ausgebildetes Personal direkt vor Ort anzusprechen. Somit ist auch ein Risikofaktor, den die App „Freeletics" mitbringt, für dieses Unternehmen nicht interessant. Da die Fitnesskette landesweit verbreitet ist, wird sich mit aller Wahrscheinlichkeit auch die Fitness App schnell verbreiten. Durch diese Innovation können zudem nicht nur bestehende Kunden glücklich gemacht werden, sondern auch neue potenzielle Kunden angesprochen werden. Durch diese Leistung kann zusätzlicher Umsatz für das Unternehmen gemacht werden.

3 Corporate Identity

3.1 Interview-Analyse

3.1.1 Anzeichen der Überarbeitung der Corporate Identity

1. Das erste Anzeichen einer Überarbeitung der Corporate Identity ist der Farbwechsel des Logos von „Kieser Training". Anfangs war dieses mit den Farben Grau und Gelb versehen, heute trägt es die Farbe Blau.
2. Zweites Anzeichen ist die Änderung des Slogans. Früher hieß es „Ein starker Rücken kennt keinen Schmerz". Heute wird mit „Ja zu einem starken Körper" geworben.
3. Drittes Anzeichen ist die Änderung des Klientel im Trainingsbereich. Zu anfänglichen Zeiten trainierten hauptsächlich Athleten bei Kieser. Heute sind es vorwiegend Menschen zwischen 30-50 Jahren mit gesundheitlichen Einschränkungen.

4. Des Weiteren gab es eine Änderung des Konzeptes. Aufgrund der zunehmenden Konkurrenz wurde Sauna plus Bar in die Clubs eingerichtet. Die Sauna wurde allerdings schnell wieder entfernt, da diese nicht mit dem Grundgedanken von Kieser vereinbar war.

5. Fünftes Anzeichen ist die Änderung der Werbung. Anfangs verbreitete sich das Konzept von Kieser über Mundpropaganda. Später wurde dann zusätzlich eine Printkampagne eingeführt.

6. Letztes Anzeichen einer Überarbeitung der Corporate Identity ist die Anpassung des Franchise-Systems. Durch ein neues Print-on-Demand-System wurde sichergestellt, dass jeder Betrieb selbst Anpassungen an vordefinierten Werbeelementen vornehmen kann und die Corporate Identity übernimmt.

3.1.2 Gründe

Überarbeitung des Images von Kieser Training:

Das Image eines Unternehmens bestimmt maßgeblich über Erfolg oder Nichterfolg (firma.de, 2017). Potenzielle Kunden entscheiden sich oft aufgrund des Images für oder gegen das Unternehmen. Kieser Training wird nicht selten in Verbindung mit älteren und gesundheitlich beeinträchtigten Menschen in Verbindung gebracht. Das eigentliche Ziel von Kieser Training ist jedoch jedem Menschen, egal ob jung oder alt, zu einem starken Körper, einem gesunden und kräftigen Rücken und somit einer langen optimalen Lebensqualität zu verhelfen.

Überarbeitung der Farbe des Logos:

Für ein Unternehmen ist es wichtig einmalig zu sein und sich somit von anderen Konzepten in der gleichen Branche abzugrenzen. Das erkannte auch Kieser Training als sie einen Farbwechsel für ihr Logo von Grau und Gelb zu der Farbe Blau veranlassten. Die Farbe Gelb erinnerte stark an die Konkurrenz und den damit verbundenen Discounter. Von diesem Bild wollte sich Kieser Training absetzen, da ihr Unternehmen für eine hohe Qualität und kompetenter Betreuung steht.

Überarbeitung der Ausstattung:

In einem Markt, in dem viel Konkurrenz herrscht, ist es wichtig, die Angebote der Konkurrenten immer im Auge zu behalten und das eigene als das Beste für den Kunden zu schaffen. Angesichts der steigenden Anzahl an Studios, beschloss Kieser Training eine Sauna und eine Bar in den Clubs einzurichten. Als er jedoch bemerkte, dass die Leute ab diesem Zeitpunkt jedoch nicht mehr das Training in den Vordergrund stellten, ließ er die Saunas wieder abreißen um zum ursprünglichen Konzept zurück zu kommen und den Menschen zu helfen.

Überarbeitung des Trainingskonzeptes:

Es ist wichtig, dass das Trainingskonzept eines Unternehmens zu dem Zielklientel passt. Anfangs trainierten vorwiegend Athleten bei Kieser Training. Doch mit der Zeit kamen immer mehr ältere Menschen dazu. Daher musste das Trainingskonzept angepasst werden, um Folgeschäden zu verhindern. Ein medizinisch fundiertes Training entstand, um den Körper und insbesondere den Rücken zu stärken.

3.1.3 Vier weitere Beispiele

Vodafone:

Vodafone überarbeitete seine Corporate Identity indem sie ihr Logo weiterentwickelten. Zuerst wurde die Raute als Logo für Vodafone dazu genommen, da diese Dynamik und Kraft vermitteln soll (Saal, 2013). Als letztes wurde auch eine neue Gestaltungslinie hinzugefügt. Neue Werbungen sind mit dem Spruch „The future is exciting. Ready?" versehen (Schaffrina, 2017). Dieser Veränderung wurde vorgenommen, da Vodafone nach umfangreichen Studien, Konzepttests und Bewertungen der Meinung ist, dass neue Technologien und digitale Dienste in den kommenden Jahren die Welt positiv verändern und die Lebensqualität verbessern werden (Schaffrina, 2017).

McDonald's:

McDonald's hat sein Corporate Design seit 1940 bis heute stetig verändert (Adocom_Website, 2017). Zudem wurde das McCafé eingeführt und es wurden gesündere Alternativen zu beispielsweise Pommes geschaffen (Frehse, 2015). Der Grund für diesen Imagewechsel und die Überarbeitung waren sinkende Zahlen. Immer mehr Menschen interessieren sich für Bioqualität, gesunde Ernährung und fleischlose Alternativen (Frehse, 2015). Dagegen geht McDonald's mit seinen Maßnahmen bewusst vor.

Audi:

Auch Audi legte einen Imagewechsel hin und wurde damit berühmter denn je. Seit dem Wechsel des Images ist Audi auf der selben Augenhöhe wie Mercedes und BMW (Anker, 2009). Früher galt Audi vorwiegend als „Opa-Auto". Heute überzeugt Audi durch hochwertige und sportliche Autos. Somit erfindet Audi die Marke komplett neu.

Aldi:

Aldi möchte sich vom Ruf des „Billig-Discounters" verabschieden und verfolgt dafür einen Drei-Punkte-Plan. Ziel ist es, neue und kaufstarke Kunden für den Discounter zu begeistern. Aldi soll nicht mehr nur aus günstigen Produkten bestehen, sondern auch

Markenartikel sollen ins Sortiment aufgenommen werden. Es wird eine „7-Siegel" Kampagne eingeführt und faire, ökologische und soziale Produkte sollen das Sortiment auffrischen. Auch bekannte Organisationen wie der Vegetarierbund werden mit eingebunden. Zudem soll auch das Erscheinungsbild der Aldi Läden aufgebessert werden. In Kirchseeon bei München gibt es bereits einen Luxus-Laden, der Kundentoilette, Kaffeeautomaten und digitale Großbildschirme beinhaltet (Deutschmeyer, 2016).

3.2 Marktstrategien

3.2.1 Marktbearbeitungs-und Wettbewerbsstrategie von Kieser Training

Kieser Training verfolgt eine differenzierte Marktspezialisierung (Kotler & Bliemel, 2006, S.453 ff.). Das Unternehmen fokussiert sich darauf, die Bedürfnisse einer Zielgruppe zu befriedigen, indem es klar um die Stärkung des Körpers und damit um die Gesundheit der Kunden geht. Dadurch differenziert sich Kieser Training zu anderen Fitnessstudios. Zudem verfolgt das Unternehmen mit seinem hohen Preisniveau, der Markierung ihrer Leistung und des hohen Qualitätsanspruches eine Qualitätsführerschaft (Benkenstein, 2002, S. 230). Zusätzlich stützt sich das Unternehmen auf einige klar umrissene Segmente (gesundheitsorientiertes Krafttraining an Geräten), weshalb sie zusätzlich eine Nischenstrategie verfolgen. Das Unternehmen spezialisiert sich auf einige Leistungen und weist in diesen Bereichen eine hohe Qualität auf (Kotler & Bliemel, 2006, S. 139 ff.).

3.2.2 Strategien

Zum einen verfolgt Kieser Training mit der Innovation neuer Gerätschaften die Produktentwicklung. Das Unternehmen entwickelte drei neue Maschinentypen, welche für die Kunden als einzigartig und käuferspezifisch wahrgenommen werden (Meffert, Burmann et al., 2015, S. 255; Nieschlag et al., 2002, S. 901; Weis, 2012, S. 161). Eine zweite Strategie von Kieser Training ist die Marktdurchdringung. Durch die geänderte Corporate Identity, schafft das Unternehmen mit vorhanden Produkten auf gegenwärtigen Märkten eine Vergrößerung des Marktanteils und eine Ausweitung des Marktvolumens (Nieschlag et al., 2002, S. 900). Mit der Überarbeitung der Corporate Identity wurde unter anderem die Werbung verstärkt und die Gewinnung von bisherigen Nicht-Verwendern gefördert (Weis, 2012, S. 160).

4 Digitalisierung in der Fitness-und Gesundheitsbranche

Um den höheren Monatsbeitrag recht fertigen zu können und wieder mehr Mitglieder anwerben zu können, muss das Unternehmen das Angebot erweitern und aktuellen Trends folgen. Der erste Punkt an dem man ansetzen könnte, wäre das schon vorhandene Kursangebot zu überdenken. Um die Menschen auf das Kursangebot aufmerksam zu machen und den Beleibtheitsgrad wieder zu erhöhen, eignen sich besonders lizensierte „Group Fitness" Programme wie Les Mills. Dieses Unternehmen ist bei vielen potenziellen Kunden bekannt und das Interesse an diesen Kursformaten ist groß. Man geht immer mehr weg von den alten, klassischen Aerobickursen. Les Mills schafft es die Kunden mit ihren Programmen zu begeistern und verfolgt das Ziel, dass sich die Trainierenden mit Les Mills identifizieren können (Kremer, 2012). Zudem spricht das Les Mills Konzept mit den verschiedenen Kursangeboten nicht nur jüngere an, sondern auch ältere Menschen, beispielsweise mit „Body Balance". Aufgrund des demographischen Wandels ist es wichtig, auch auf die Bedürfnisse der Älteren einzugehen, da sie derzeit die größte Menschenmenge ausmachen (Bundeszentrale für politische Bildung, o.J.). Durch diese Bindung werden nicht nur neue Kunden erworben, sondern auch die Fluktuationsquote gesenkt. Ein zweiter Punkt wäre, wenn man den aktuellen Fitnesstrends folgt, eine Community aufzubauen und auch außerhalb des Fitnessstudios mit „Outdoor-Angeboten" oder „Bootcamps" zu werben (Galinski, 2017). Gerade im Sommer möchten viele Menschen lieber an die frische Luft, statt in einem heißen, „muffigen" Studio zu trainieren. Diese Wünsche der Kunden sollte man berücksichtigen, um sich von den Angeboten der Masse abzuheben. Verbunden damit, eignet es sich auch in den sozialen Medien präsenter zu werden und diese Zusatzangebote auch über Kanäle wie Facebook, Instagram, etc. zu publizieren und die Community damit aufzubauen. Dritter Vorschlag für eine Umgestaltung ist, dass auch im Bereich Ernährung mehr investiert wird. Die Menschen interessieren sich immer mehr für gesunde Ernährung und den optimalen Nährstoffbedarf rund ums Training. Das Fitnessstudio sollte verschiedene Eiweißquellen für jede Vorliebe und mögliche Intoleranz im Sortiment haben. Denn immer mehr Menschen haben heutzutage eine Intoleranz und wünschen sich dementsprechend passende Produkte, die sie vertragen (NutriDis, 2009). Vierter Vorschlag ist die Digitalisierung bestimmter Angebote aufgrund der immer größer werdenden Smartphone-Abhängigkeit. Um den Beliebtheits- und Bekanntheitsgrad wieder zu erhöhen eignet sich eine unternehmensbezogene Fitness-App mit der die Menschen trainieren können. Diese App sollte Trainingsplan, Ernährungsempfehlungen und individuelle

Daten der Kunden enthalten. Dieser Vorschlag bietet dem Unternehmen wieder ein Angebot, mit dem es sich von den anderen Fitnessstudios differenzieren kann. Diese Möglichkeiten bergen jedoch ebenso auch Risiken. Zum einen könnte den Alt-und Stammkunden die Änderung des Kurskonzeptes nicht gefallen, da sie an ihre alten und bekannten Kurse gewöhnt sind. Der Mensch ist ein Gewohnheitstier, daher können sich Veränderungen ebenso negativ auswirken. Ein zweites Risiko kann die Digitalisierung und Einführung der Fitness-Apps sein. Nicht jeder Mensch besitzt ein Smartphone und ist somit in diesem Punkt gegenüber anderen Kunden benachteiligt. Er zahlt den gleichen Preis, hat jedoch nicht die gleichen Konditionen. Dritter Risikopunkt sind die entstehenden Kosten. Durch Zusatzangebote wie „Outdoor-Training", „Bootcamps", Fitness-Apps oder neue Kurse müssen beispielsweise Lizenzen bezahlt werden und neues Personal angeheuert oder ausgebildet werden. Ein viertes Risiko besteht, wenn man auf den vielen verschiedenen Produkten, die man für die Kunden anbietet, sitzen bleibt. Man benötigt genügend Abnehmer um ein solch vielfältiges Angebot anbieten zu können. Hat man dies nicht, ist es nicht möglich, auf die Bedürfnisse jedes Kunden und dessen Intoleranz einzugehen. Ein Lösungsvorschlag, um die Risiken relativ gering zu halten, ist einen Business-Plan zu erstellen. Dieser sollte erfassen, ob die neuen Maßnahmen effektiv sind und den Umsatz erhöhen oder zumindest kostendeckend sind. Damit sich das Unternehmen mit den Ausgaben nicht verschuldet, sollte alles genau nach Plan und mit Struktur laufen. Ein zusätzlicher Lösungsansatz ist, eine Umfrage für die Kunden zu starten. Mit der Auswertung dieser Ergebnisse, kann man dann besser auf die Bedürfnisse der Kunden eingehen und nach diesen handeln. Somit kann man auch eventuelle negative Reaktionen auf Veränderung mit den Umfrageergebnissen begründen.

5 Literaturverzeichnis

Anker, S. (2009). *100 Jahre Audi – Vom Opa-Auto zum BMW-Rivalen.* Zugriff am 10.02.2018. Verfügbar unter https://www.welt.de/motor/article4127545/100-Jahre-Audi-Vom-Opa-Auto-zum-BMW-Rivalen.html

Asfour, T. (2014). *Online-Fitness: Trainieren vor dem Rechner.* Zugriff am 06.02.2018. Verfügbar unter https://www.focus.de/digital/experten/asfour/fitnesskurse-im-netz-online-fitness-trainieren-vor-dem-rechner_id_3810901.html

Benkenstein, M. (2002). *Strategisches Marketing. Ein wettbewerbsorientierter Ansatz* (Kohlhammer-Edition Marketing, 2., überarb. und erw. Aufl.). Stuttgart: Kohlhammer.

Boeckh-Behrens, W.-U., Buskies, W. & Beier, P. (2002). *Fitness-Krafttraining. Die besten Übungen und Methoden für Sport und Gesundheit* (6. Aufl.). Reinbek bei Hamburg: Rowohlt.

Bundeszentrale für politische Bildung. (Hrsg.). (o.J.). *Demografischer Wandel.* Zugriff am 11.02.2018. Verfügbar unter http://www.bpb.de/politik/innenpolitik/demografischer-wandel/

Daumann, F., Heinze, R. & Römmelt, B. (2012). *Strategisches Management für Fitnessstudios. Sciamus-Sport und Management,* 03/2012, 15.

Deutschmeyer, M. (2016*). Radikaler Imagewechsel bei Aldi.* Zugriff am 10.02.2018. Verfügbar unter https://www.merkur.de/wirtschaft/imagewechsel-aldi-sued-discounter-markenartikel-luxus-filialen-7-siegel-kampagne-nachhaltigkeit-6368871.html

Dssv. (Hrsg.). (2018). *Fitness-Trend 2018: Betriebliches Gesundheitsmanagement (BGM).* Zugriff am 06.02.2018. Verfügbar unter https://www.dssv.de/news/ansicht/news/fitness-trend-2018-betriebliches-gesundheitsmanagement-bgm/?tx_news_pi1%5Bcontroller%5D=News&tx_news_pi1%5Baction%5D=detail&cHash=ca2e00fc4c1c29a7c0260f9aaeb2458a

eMarketer. (2016). *Slowing Growth Ahead for Worldwide Internet Audience –
eMarketer.* Zitiert nach de.statista.com. Zugriff am 06.02.2018. Verfügbar unter
https://de.statista.com/statistik/daten/studie/309656/umfrage/prognose-zur-anzahl-der-
smartphone-nutzer-weltweit/

Eisenbrand, R. (2015). *Diese drei Typen haben mit einem Youtube-Video, einem News-
letter und drei PDFs angefangen – und sind heute Millionäre.* Zugriff am 08.02.2018.
Verfügbar unter https://omr.com/de/die-freeletics-story-diese-drei-typen-haben-mit-
einem-youtube-video-einem-newsletter-und-drei-pdfs-angefangen-und-sind-dank-
cleverem-marketing-heute-millionaere/#http://

Firma.de. (Hrsg.). (2017). *Wie Sie das Image Ihres Unternehmens wirkungsvoll verbessern.* Zugriff am 10.02.2018. Verfügbar unter https://www.firma.de/magazin/wie-sie-
das-image-des-unternehmens-wirkungsvoll-verbessern/

Fitvolution. (Hrsg.). (o.J.). Freeletics Übungen – *Eine kritische Betrachtung eines Fitness-Trends.* Zugriff am 06.02.2018. Verfügbar unter https://fitvolution.de/freeletics/

Freeletics. (Hrsg.). (2018). *Training.* Zugriff am 06.02.2018. Verfügbar unter
https://www.freeletics.com/de/knowledge/training/

Frehse, L. (2015). *Wie McDonald's sich ändern will.* Zugriff am 10.02.2018. Verfügbar
unter http://www.tagesspiegel.de/wirtschaft/nach-60-jahren-image-probleme-wie-
mcdonalds-sich-aendern-will/11636828.html

Galinski, J. (2017). *Das sind die fünf wichtigsten Fitness-Trends 2018.* Zugriff am
11.02.2018, Verfügbar unter https://www.ispo.com/trends/id_79705218/das-sind-die-
fuenf-wichtigsten-fitness-trends-2018.html

GS Datenbank. (Hrsg.). (2015). *Freeletics. Online Sport- und Lifestyleprodukte.* Zugriff
am 08.02.2018. Verfügbar unter
https://www.gruenderszene.de/datenbank/unternehmen/freeletics

IfD Allensbach. (2017). *Allensbacher Markt- und Werbeträger-Analyse - AWA 2017.* Zitiert nach de.statista.com. Zugriff am 06.02.2018. Verfügbar unter https://de.statista.com/statistik/daten/studie/171247/umfrage/gefuehl-von-zeitnot/

Kotler, P., Armstrong, G., Saunders, J. & Wong, V. (2007). *Grundlagen des Marketing* (4., aktualisierte Aufl.). München: Pearson.

Kotler, P. & Bliemel, F. (2006). *Marketing-Management. Analyse, Planung und Verwirklichung* (10., überarbeitete und aktualisierte Aufl.). München: Pearson.

Kremer, M. (2012). *Group Fitness: Was ist Les Mills?.* Zugriff am 11.02.2018. Verfügbar unter https://www.trainingsworld.com/sportarten/fitness/group-fitness-les-mills-1616578

McFit. (Hrsg.). (2018). *Nur jetzt: Training zum Aktionspreis.* Zugriff am 06.02.2018. Verfügbar unter https://www.mcfit.com/de/januar-aktion/

Meffert, H., Burmann, C. & Kirchgeorg, M. (2015). *Marketing. Grundlagen marktorientierter Unternehmensführung Konzepte - Instrumente* - Praxisbeispiele (SpringerLink: Bücher, 12., überarb. u. aktualisierte Aufl. 2014). Wiesbaden: Springer Gabler.

Nieschlag, R., Dichtl, E. & Hörschgen, H. (2002). *Marketing* (19., überarbeitete und ergänzte Aufl.). Berlin: Duncker und Humblot.

NutriDis. (Hrsg.). (2008). *Lebensmittel-Intoleranz: Immer mehr davon betroffen.* Zugriff am 11.02.2018. Verfügbar unter http://www.medizinauskunft.de/artikel/gesund/Essen_Trinken/28_10_lebensmittel_intoleranz.php

Olschewski, M. (2017). *Ein deutsches Unternehmen bietet eine der erfolgreichsten Fitness-Apps auf dem Markt an — das Konzept ist simpel und genial.* Zugriff am 08.02.2018. Verfügbar unter http://www.businessinsider.de/ein-deutsches-startup-bietet-die-erfolgreichste-fitness-app-an-2017-7

Penke, M. (2017). *Grafik: Freeletics' Business-Sprint zum Millionenunternehmen.* Zugriff am 08.02.2018. Verfügbar unter
https://www.gruenderszene.de/allgemein/infografik-freeletics-chart-geschichte-unternehmen

Porter, M. E. (2000). *Wettbewerbsvorteile. Spitzenleistungen erreichen und behaupten* (6. Aufl.). Frankfurt: Campus-Verl.

Presseportal. (Hrsg.). (2017). *Weltbevölkerung zum Jahreswechsel 2017/2018 Zu Beginn des neuen Jahres leben 7.591.541.000 Menschen auf der Erde.* Zugriff am 06.02.2018. Verfügbar unter https://www.presseportal.de/pm/24571/3822711

Priori Data. (2018). *Ranking der erfolgreichsten Gesundheits- und Fitness-Apps im Google Play Store nach Umsatz in Deutschland im Januar 2018 (in 1.000 US-Dollar).* Zitiert nach de.statista.com. Zugriff am 08.02.2018. Verfügbar unter
https://de.statista.com/statistik/daten/studie/689223/umfrage/gesundheits-und-fitness-apps-im-google-play-store-nach-umsatz-in-deutschland/

Saal, M. (2013). *Gregor Gründgens im Interview.* Zugriff am 10.02.2018. Verfügbar unter http://www.horizont.net/marketing/nachrichten/Warum-Vodafone-seine-Corporate-Identity-ueberarbeitet-Gregor-Gruendgens-im-Interview-116491

Schaffrina, A. (2017). *Neuer Markenauftritt für Vodafone.* Zugriff am 10.02.2018. Verfügbar unter https://www.designtagebuch.de/neuer-markenauftritt-fuer-vodafone/

Schlaffke, W. & Plünnecke, A. (2017). *Studienbrief Marketing II* (rev.18.024.000). Saarbrücken: Deutsche Hochschule für Prävention und Gesundheitsmanagement.

Spitzer, M. (2017). *Die Smartphone-Denkstörung.* Zugriff am 06.02.2018. Verfügbar unter http://www.vfa-ev.de/wp-content/uploads/2017/08/Smartphone-Denkst%C3%B6rung.pdf

Steiniger, H. (2003). *Porter's Five-Forces-Modell.* Zugriff am 06.02.2018. Verfügbar unter http://www.edditrex.de/docs/porter_five_forces_modell.pdf

Weis, H. C. (2012). *Marketing* (Kompendium der praktischen Betriebswirtschaft, 16., verbesserte und aktualisierte Auflage). Herne, Westf: NWB Verlag.

6 Abbildungs- und Tabellenverzeichnis

6.1 Abbildungsverzeichnis

6.2 Tabellenverzeichnis